Wohnaccessoires in Strick

Marlies Busch

Wohnaccessoires in Strick

Dekorative Ideen für Ihr Zuhause

Inhalt

Vorwort

Sie haben eine Vorliebe für dekorative Dinge in unverwechselbarem Stil? Sie suchen ein Geschenk für einen bestimmten Anlass? Im eigenen Heim wollen Sie sich gerne mit schönen Dingen umgeben? Und das alles soll rasch zu fertigen und preisgünstig sein? Kein Problem!

In diesem Buch finden Sie ausgefallene Ideen für jeden Raum und jeden Geschmack. Das Einzige, was Sie noch brauchen, ist Lust auf Stricken!

Und Stricken macht richtig Spaß! Dieses Buch zeigt Ihnen zunächst alle Grundlagen, vom Maschenanschlag bis zur Abnahme, die Sie zum Fertigen der Strickobjekte kennen sollten. Alle Techniken werden ausführlich erklärt und mit Zeichnungen veranschaulicht, sodass Ihnen das Stricken leicht von der Hand geht. Der Erfolg ist garantiert!

Alle Strickobjekte sind so konzipiert, dass sie ohne große handarbeitliche Vorkenntnisse und ohne Aufwand nachgearbeitet werden können. Die Anleitungen sind einfach und auch für Strickerinnen ohne Vorkenntnisse mühelos und rasch nachzuarbeiten. Masche für Masche, Reihe um Reihe nähern Sie sich mit Leichtigkeit Ihrem dekorativen Wohnaccessoire. Es wird Ihnen auf jeden Fall gelingen.

Im Handumdrehen werden Sie feststellen, wie viel Freude Ihnen die eigene Kreativität bereitet, besonders dann, wenn Sie rasch Apartes stricken können. Lassen Sie Ihrer Phantasie auch freien Lauf und probieren Sie anhand des Gezeigten Neues aus.

Viel Freude wünscht Ihnen
Marlies Busch

Der Anschlag

Bevor Sie mit dem Stricken richtig loslegen können, müssen Sie die Maschen auf die Nadeln bringen. Die einfachste und bekannteste Art ist wohl der Kreuzanschlag. Sollten Sie zum ersten Mal stricken, nehmen Sie sich etwas Zeit, um sich mit der Technik vertraut zu machen. Für die Strickmodelle in diesem Buch sind Maschenproben nicht erforderlich, da die genauen Endmaße eines Modells, beispielsweise eines Kissens, unwesentlich sind.

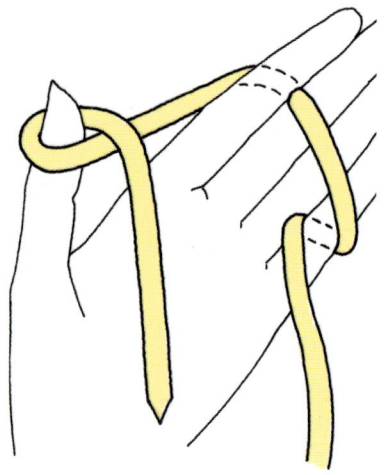

1 Legen Sie das Fadenende um den kleinen Finger der linken Hand. Führen Sie es zwischen Zeige- und Mittelfinger nach hinten und über den Zeigefinger wieder nach vorn. Legen Sie es dann von hinten nach vorn um den Daumen.

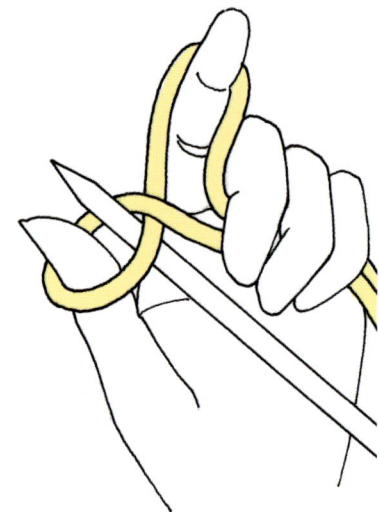

2 Halten Sie jetzt beide Fadenenden fest und stechen Sie mit der rechten Nadel von unten nach oben in die Daumenschlinge.

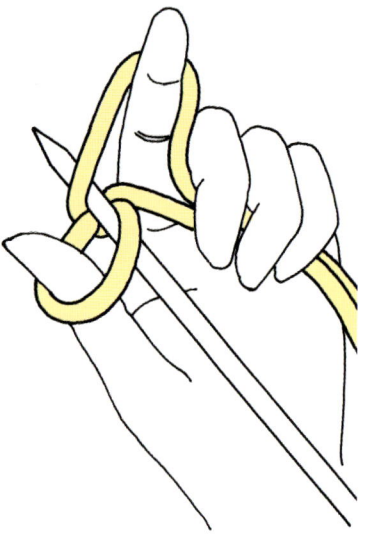

3 Die rechte Nadel holt den Faden, der um den Zeigefinger liegt, ...

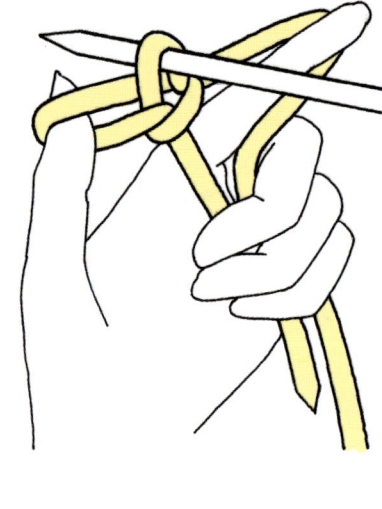

4 ... und zieht ihn durch die Schlaufe, die um den Daumen liegt. Lassen Sie nun den Faden vom Daumen gleiten.

Kreuzanschlag

Der Kreuzanschlag ist die wohl bekannteste Art des Anschlags. Es wird ein fester, dehnbarer Rand gearbeitet, der für jedes Strickmuster passt.

Zunächst wird ein Fadenende für den Unter- bzw. Daumenfaden abgemessen. Pro Anschlagmasche rechnen Sie 2 cm bei einem mittelstarken Garn, etwas weniger bei einem dünneren Garn. Zur so errechneten Länge werden nun noch etwa 20 cm dazugegeben. Achten Sie darauf, den Unterfaden lieber ein wenig länger zu lassen, so können Sie bequemer arbeiten und den Endfaden später zum Zusammennähen gebrauchen.

Für den Beginn des Kreuzanschlags wird kein Knoten benötigt.

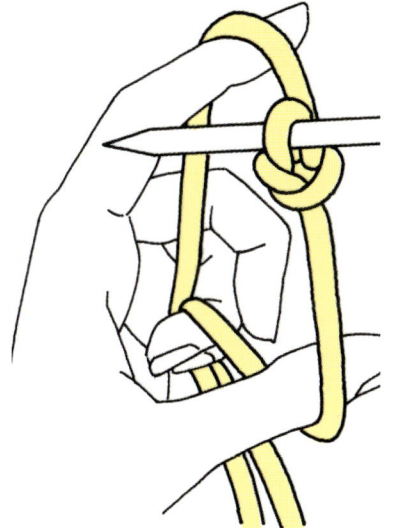

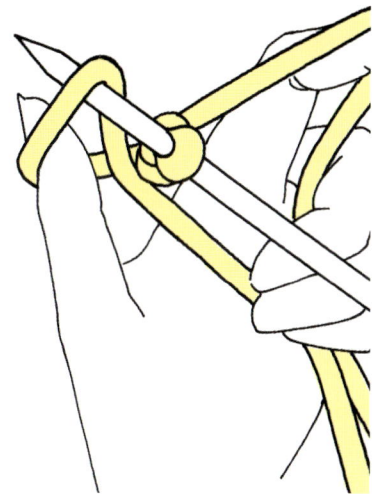

5 Führen Sie Ihren Daumen nun hinter den Endfaden, ziehen diesen mit dem Daumen nach vorn und ziehen so die erste Masche fest an.

6 Auf der rechten Nadel befindet sich die erste Masche. Stechen Sie jetzt wieder von unten nach oben in die Daumenschlinge und wiederholen Sie Schritt 3 und 4.

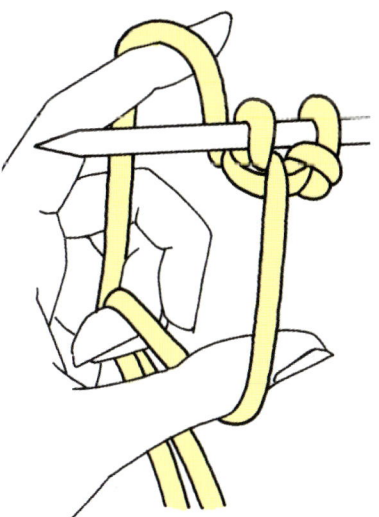

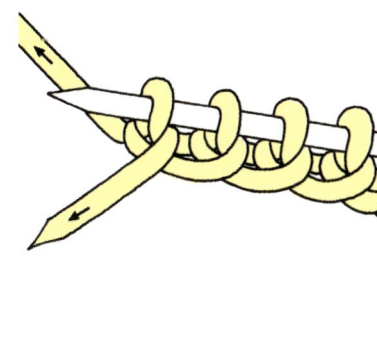

7 Die zweite Masche sitzt auf der rechten Nadel und wird mit dem Daumen fest gezogen.

8 Fahren Sie so fort, bis Sie die gewünschte Menge an Maschen erreicht haben.

Glatt rechts und links stricken

Strickstücke, und somit auch Strickmuster, bestehen fast ausschließlich aus rechten und linken Maschen, die in variierender Reihenfolge gestrickt werden. Selbst aus rechten Maschen, also kraus rechts gestrickt, lassen sich effektvolle Strickstücke fertigen wie der Kuschelige Kinderteppich (s. S. 36), die Kleinen Küchenhelfer (s. S. 28) und der Stilvolle Lampenschirm (s. S. 62). Gesellen sich zu den rechten auch noch linke Maschen, ergeben sich rasch aparte Muster. Da die Modelle in diesem Buch nur aus rechten und linken Maschen bestehen, können Sie diese rasch nacharbeiten.

Glatt rechts stricken führt zu einer flachen, ebenen Oberfläche, bei glatt links Gestricktem sieht die Oberfläche körnig aus, und eine Fläche kraus rechts gestrickter Maschen erscheint gerippt.

Wer mit dem Stricken beginnt, sollte sich zunächst Strukturmustern aus rechten und linken Maschen zuwenden. Hier sind viele Kombinationen möglich. Rippenmuster, bei denen die rechten und linken Maschen senkrecht angeordnet werden, zeigen deutlich hervortretende rechte Maschen. Werden waagerechte Streifen gestrickt, so ergibt sich aus den linken Maschen eine klar erkennbare Querrippe.

1 Glatt rechts stricken: rechte Maschen in den Hinreihen, linke Maschen in den Rückreihen

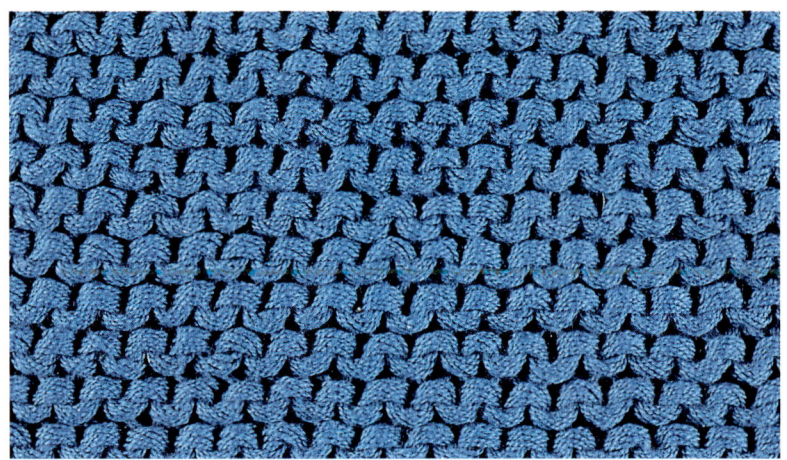

2 Kraus rechts stricken: rechte Maschen in den Hin- und Rückreihen

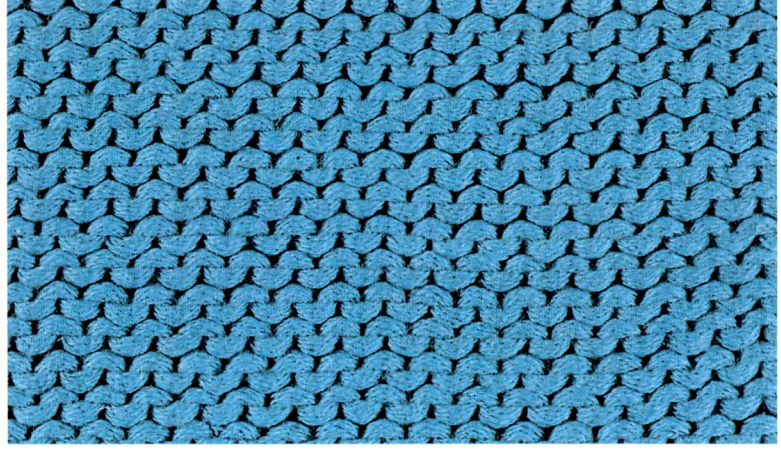

3 Glatt links stricken: linke Maschen in den Hinreihen, rechte Maschen in den Rückreihen

Rechte Maschen

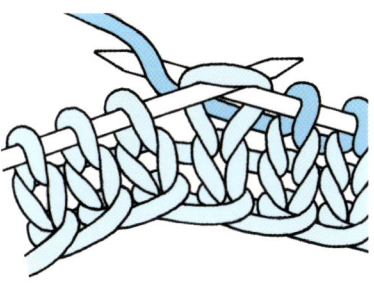 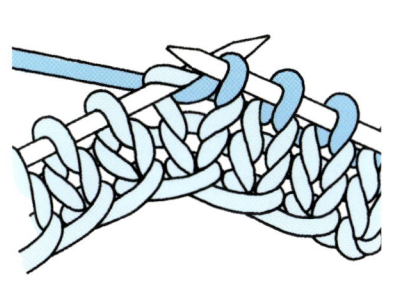 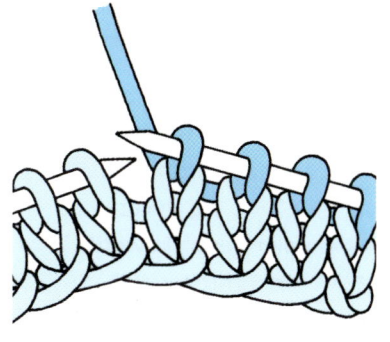

1 Stechen Sie mit der rechten Nadel von vorn nach hinten in die erste Masche der linken Nadel ein.

2 Nun mit der rechten Nadel den Faden nach vorn durch die Masche ziehen. Lassen Sie die Schlinge von der linken Nadel rutschen und ziehen Sie den Faden etwas an.

3 Aus der Schlinge der Vorreihe wird eine rechte Masche gearbeitet.

Linke Maschen

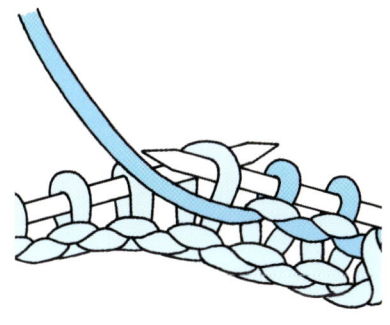  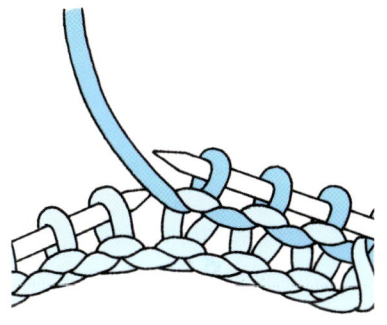

1 Führen Sie den Faden vor die Strickarbeit, und stechen Sie mit der rechten Nadel von hinten nach vorn in die erste Masche ein.

2 Legen Sie den Faden von vorn nach hinten um die rechte Nadel und ziehen Sie die Schlinge nach hinten durch.

3 Lassen Sie die Masche von der linken Nadel rutschen und ziehen Sie den Faden leicht an. Aus der Schlinge der Vorreihe wird eine linke Masche gearbeitet.

Die Zunahme und Abnahme

Strickstücke lassen sich durch Hinzufügen und Wegnehmen, also durch Zu- und Abnahme von Maschen „formen".
Viele Modelle in diesem Buch entstehen aus einfachen, gestrickten Rechtecken; einige hingegen erhalten durch Zu- oder Abnahmen erst ihre charakteristische Form. Diese wiederum ist auch von Strickanfängern im Handumdrehen zu schaffen!

Verschränkte rechte Zunahme

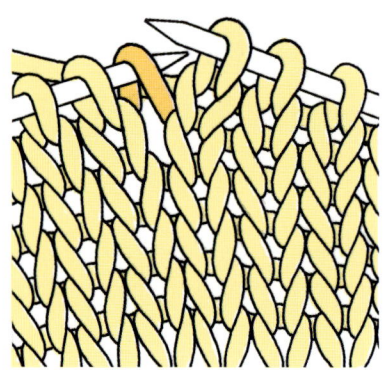 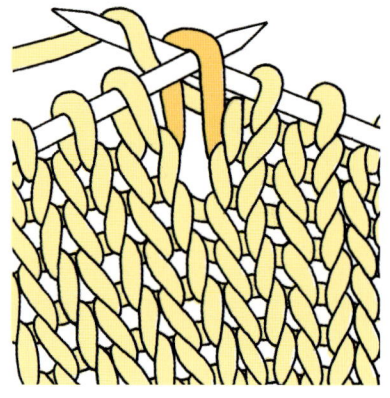

1 *Nehmen Sie mit der linken Nadel den Querfaden zwischen zwei Maschen von vorn nach hinten auf, ...*

2 *... stechen Sie mit der rechten Nadel von hinten in diese Schlaufe ein und ziehen Sie den Arbeitsfaden hindurch. So haben Sie eine Masche dazugearbeitet.*

Zwei Maschen rechts zusammenstricken

 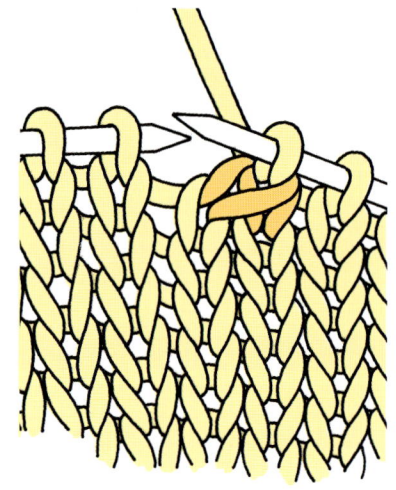

1 *Es wird mit der rechten Nadel von links nach rechts in die vorderen Maschenglieder der zwei rechten Maschen eingestochen.*

2 *Dann den Faden nach vorn durchziehen – wie eine rechte Masche stricken –, und beide Maschen von der Nadel rutschen lassen.*

Aufstricken

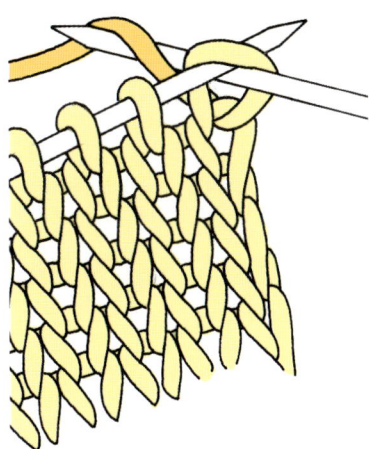

1 Stricken Sie aus der ersten Masche der Reihe eine Masche heraus und ziehen Sie die Schlinge etwas länger.

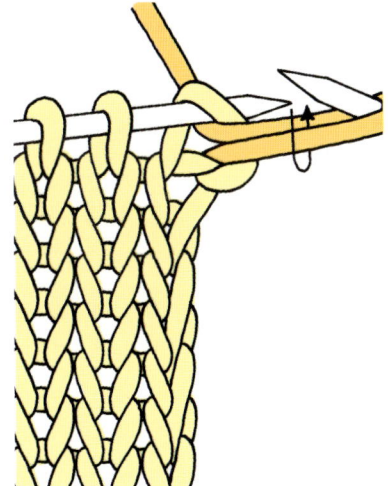

2 Führen Sie nun die linke Nadel von unten nach oben durch die Schlinge, ...

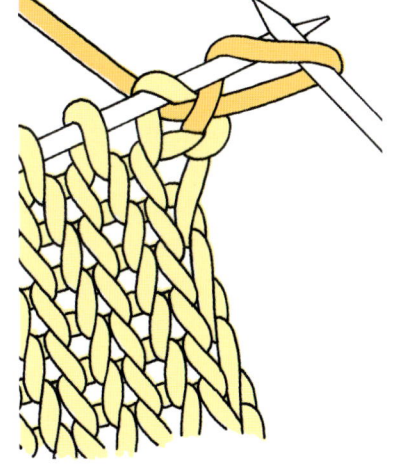

3 ... heben Sie die Schlinge auf die linke Nadel und ziehen Sie den Faden an.

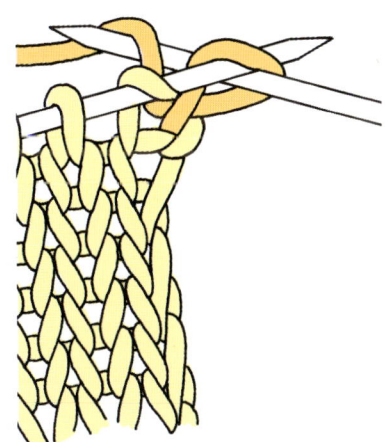

4 Ziehen Sie die rechte Nadel nicht heraus, sondern ziehen Sie wieder eine Schlinge durch und legen Sie sie auf die linke Nadel usw.

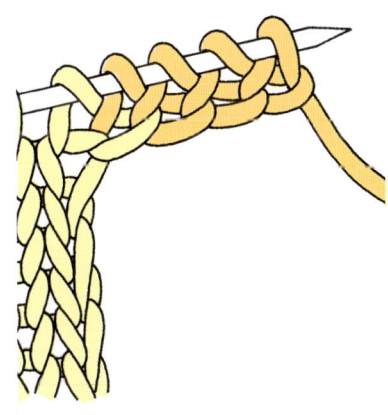

5 Sie arbeiten so einen Rand, den Sie gut abstricken und später zusammennähen können.

Das Abketten

Um Gestricktes zu beenden,
müssen Sie die Maschen abketten. Dies kann auch innerhalb
eines Strickstücks für Ausschnitte
aller Art, wie auch Knopflöcher,
notwendig sein. Hierfür werden
die Maschen für das Knopfloch
in einer Reihe abgekettet und
dann weitergestrickt. In der
nächsten Reihe schlägt man
die abgeketteten Maschen
wieder an.
Beim Abketten können Sie im
Grunde zwischen Überziehen
und Zusammenstricken wählen.

Abketten durch Überziehen bei einem glatt rechts gestrickten Strickstück:
Bei Mustern mit rechten Maschen werden die Maschen rechts gestrickt und überzogen abge-
kettet.

Abketten durch Überziehen bei einem glatt links gestrickten Strickstück:
Bei Mustern mit linken Maschen werden die Maschen links gestrickt und durch Überziehen
abgekettet.

Abketten durch Zusammenstricken: Der hierbei entstehende festere Rand eignet sich auch gut
für Knopflöcher.

Das Abketten durch Überziehen

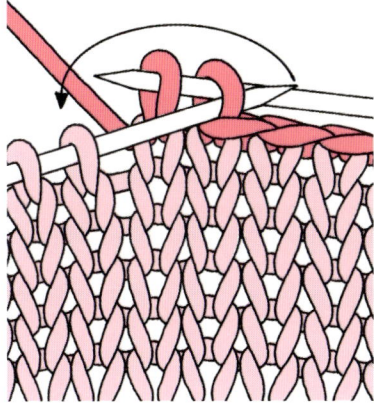 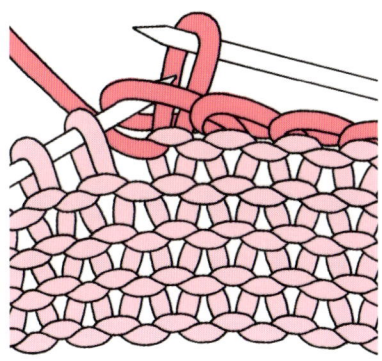

1 *Rechtsgrundige Muster: Die Randmasche und die folgende Masche werden rechts gestrickt. Dann wird die Randmasche über die zweite gestrickte Masche gehoben. Stricken Sie dann immer eine Masche, und ziehen Sie die vorangegangene über, so lange, bis alle Maschen abgekettet sind.*

2 *Linksgrundige Muster: Die Randmasche wird wie gewohnt und die folgende Masche links gestrickt. Dann wird die Randmasche über die zweite gestrickte Masche gehoben. Stricken Sie nun immer eine Masche, und ziehen Sie die vorangegangene über, so lange, bis Sie alle Maschen abgekettet haben.*

Das Abketten durch Zusammenstricken

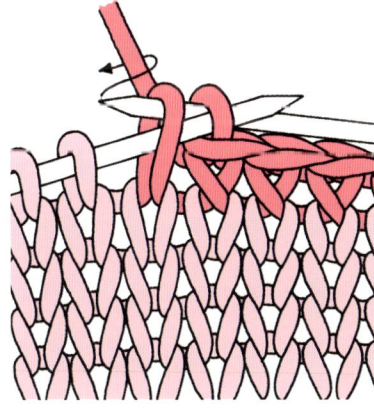

Die ersten beiden Maschen der linken Nadel werden rechts verschränkt zusammengestrickt und die daraus entstehende Masche zurück auf die linke Nadel gehoben. Stricken Sie nun immer zwei Maschen zusammen, so lange, bis alle Maschen abgekettet sind.

Ausarbeitungen

Gestricktes muss oft auch miteinander zu einem größeren Ganzen zusammengefügt werden. Das Zusammennähen mit Matratzenstich ist hierfür eine der besten Verbindungen. Die akkurate Ausarbeitung ist dabei sehr wichtig, denn das schönste Kissen verliert mit einer schiefen Naht seinen Reiz. Alle Modelle, bis auf diejenigen, deren Naht als Zierde nach außen zeigt, werden zwar von außen geschlossen, die Naht zeigt beim fertigen Modell jedoch nach „innen". Insbesondere bei Streifenmustern können Sie rasch feststellen, ob die Naht auf der rechten, also der sichtbaren Seite „unsichtbar" ist.

Zusammennähen

1 Glatt rechts gestrickte Teile: Beim Zusammennähen wird mit einem Querfaden angefangen.

2 Dann werden stets je 2 Querfäden der oberen und unteren Hälfte umschlossen.

3 Streifen und Strukturen treffen durch einen Versatz mustergenau aufeinander.

1 Glatt links gestrickte Teile: Hier wird stets nur eine Masche vom oberen ...

2 ... und eine Masche vom unteren Teil zusammengenäht.

3 Die Naht ist, nachdem der Faden angezogen wurde, kaum noch sichtbar.

Knopflöcher

Knopflöcher können Sie entweder durch Abketten und wieder Anschlagen der Maschen oder durch Dazustricken von zusätzlichen Reihen mit andersfarbigem Faden stricken.

1 Zweimaliges Stricken der Knopfloch-maschen: Es wird über die erforderliche Maschenzahl – hier 5 Maschen – mit einem andersfarbigen Faden gestrickt. Nun werden die Maschen zurück auf die linke Nadel gehoben und noch einmal mit dem ursprünglichen Garn gestrickt.

2 Der Zusatzfaden wird herausgezogen. Die unteren 5 und oberen 6 Maschen werden auf Hilfsnadeln aufgenommen, wobei die halben Maschen der danebenliegenden Maschen ebenfalls mit aufgehoben werden.

3 Nun werden die offenen Maschen, zunächst des unteren Teils, dann des oberen Teils, ohne Faden abgehäkelt. Hierbei wird die letzte Masche des unteren Teils durch die letzte Masche des oberen Teils gezogen. Die zurückbleibende Schlinge wird auf die Rückseite genommen und dort vernäht.

4 Das Abhäkeln der Maschen ergibt schließlich ein bleibendes Knopfloch.

Rustikale Kissen

■ Größe
40 × 40 cm

■ Material
Gedifra-Garn, Qualität Golden Tweed (36 % Schurwolle, 36 % Polyacryl, 25 % Polyamid, Lauflänge 54 m/50 g) in Naturmeliert (Fb. 5525) 300 g
Schachenmayr-Garn, Qualität Summer Country (44 % Baumwolle, 44 % Polyacryl, 10 % Viskose, 2 % Polyester, Lauflänge 90 m/50 g) in Natur (Fb. 02) oder in Leinen (Fb. 03) 150 g
Schachenmayr-Garn, Qualität Nabucco Kunstlederbändchen (48 % Polyacryl, 32 % Viskose, 20 % Baumwolle, Lauflänge 65m/50 g) braun (Fb. 17) und hellbraun (Fb. 14) je 100 g
Stricknadeln Nr. 9
Stopfnadel

Diese Kissen verbreiten ein Flair von ungetrübter Ruhe und verführen zum entspannten Zusammensein.

■ So wird's gemacht
Für die Kissenhüllen mit einem Faden der Qualität Golden Tweed und einem Faden der Qualität Summer Country arbeiten, entweder in Natur oder Leinen.
40 M mit Stricknadel Nr. 9 anschlagen und glatt rechts bis zu einer Länge von 80 cm stricken. Die Maschen abketten.
Entweder die rechte oder linke Seite so nach vorne nehmen, dass der Abkettel- und Anschlagrand in der Mitte der Kissenhülle liegen. Die Seitennähte mit einem Wollfaden schließen

und die Hülle wenden - wahlweise zeigt die rechte oder linke Seite nach außen. Das Kissen hineingeben und die Naht mit den Lederbändchen wie einen Schnürsenkel binden.
Für die Quasten die Kunstlederbändchen etwa 25mal über den Handrücken wickeln und dann die Hand vorsichtig herausziehen. Die Schlaufen an einer Stelle mehrfach mit einem Kunstlederbändchen umwinden und abbinden, am freien Ende aufschneiden und mit einem Wollfaden an die Ecken der Kissen nähen.

Kuscheliges Plaid in fruchtigen Farben

■ **Größe**
112 × 130 cm

■ **Material**
Schachenmayr-Garn, Qualität
Boston (70 % Polyacryl, 30 %
Schurwolle, Lauflänge 55m/50 g)
in Kürbis (Fb. 26), Feuer (Fb.30),
Cyclam (Fb. 36) je 250 g
Stricknadeln Nr. 8
Stopfnadel

Sinnenfreude und Wonne: Ein
so behaglich anmutendes Plaid
lädt zum kuscheligen Wohlfühlen ein.

■ **So wird's gemacht**
Aus jeder Farbe einen Schal
stricken.
Für jeden Schal 40 M mit Stricknadel Nr. 8 anschlagen und

kraus rechts bis zu einer Länge
von 130 cm arbeiten. Die Maschen abketten.
Abschließend die drei Schals,
jeweils mit der nicht verarbeite-
ten Farbe, an den Längsseiten
im Hexenstich (siehe Kasten)
zusammennähen. Die Naht kann
auch im Kreuzstich gearbeitet
werden.

> **Hexenstich**
> Hexenstiche (siehe Abb.) wer-
> den von links nach rechts
> genäht und dienen zum Säu-
> men und Dekorieren.
> Mit einem Rückstich in den
> einen Schal und dann schräg
> nach unten in den anderen
> Schal stechen. Das Ganze
> wiederholen.

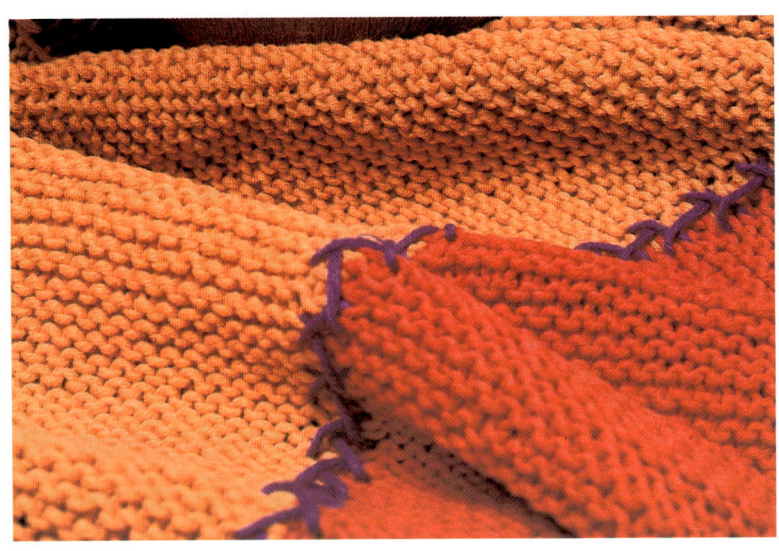

Bettüberwurf

▪ Größe
120 × 250 cm

▪ Material
Schachenmayr-Garn, Qualität
Modern Art (50 % Schurwolle,
50 % Polyacryl, Lauflänge 50m/
50 g) in Camel (Fb. 03) 550 g,
Camel Mix (Fb. 04) 450 g,
Camel Duo (Fb. 05) 450 g
Stricknadeln Nr. 10, Nr. 6
Stopfnadel

Nachts ein bequemes Bett und
tagsüber ein hübscher Anblick –
dieser rasch zu fertigende dekorative Bettüberwurf macht's
möglich.

▪ So wird's gemacht
Der Bettüberwurf besteht aus
8 Schals jeweils 1 m lang, die
mit doppeltem Faden gearbeitet
werden.
Dazu 25 M in der Farbe Camel
Mix mit Stricknadel Nr. 10 anschlagen und glatt rechts zu
einem Quadrat stricken. Dann in
Camel weiterarbeiten. Beim
Farbwechsel 1 Reihe kraus
rechts stricken - d.h., in der
ersten Reihe auf der linken Seite
eine Reihe rechte M stricken.
Wiederum bis zu einem Quadrat
arbeiten und beim Farbwechsel
zu Camel Duo erneut eine Reihe
kraus rechts stricken. Mit Camel
Mix das letzte Quadrat arbeiten.
Den nächsten Schal mit Camel
Duo beginnen, sodass die Quadrate in ihrer Farbigkeit eine
Diagonale bilden.
Zum Abschluss die Schals mit
einem Wollfaden so zusammennähen, dass die Nähte dekorativ
nach außen zeigen.
Die Blende: 10 M mit doppeltem
Faden in Camel anschlagen und
mit Stricknadeln Nr. 6 kraus
rechts 2 Streifen mit einer
Länge, die der Längskante entspricht, zuzüglich der Ecken
und 2 Streifen, die der Breite
entsprechen, zuzüglich der
Ecken stricken.
Die Streifen mit einem Wollfaden als Blende an- und die
Ecken als Spitze abnähen.

Lustige Kinderkissen

■ Größe

40 × 40 cm

■ Material

Schachenmayr-Garn, Qualität
Blue Jeans Cablé (100 % Baum-
wolle, Lauflänge 50 m/50 g) in
bleached (Fb. 55) 300 g, blue
(Fb. 54) 300 g
3 Perlen groß, flach
3 Holzperlen farblich passend
Lederbänder farblich passend
Stricknadeln Nr. 5
Stopfnadel

Eine Einladung zum Wohlfühlen
sind diese frechen Kissen für
Groß und Klein.

■ So wird's gemacht

Kissenhülle in bleached: 62 M
mit Stricknadel Nr. 5 anschlagen. In der ersten Reihe nach
der Randmasche 4 M rechts und
4 M links im Wechsel stricken.
In der Rückreihe 4 M links und
4 M rechts im Wechsel stricken.
Nach 5 Reihen die Maschenfolge
wechseln, also in der Hinreihe
4 M links und 4 M rechts und in
der Rückreihe 4 M rechts und
4 M links stricken. Dann wiederum die Maschenfolge wechseln
und in diesem Wechsel weiterarbeiten. Das so entstehende
Schachbrettmuster bis zu einer
Länge von 100 cm stricken. Die
Maschen abketten.
Die Kissenhülle so zusammenlegen, dass Anschlag- und Ab-
kettelrand an der vorderen Mitte
wie ein Überlappverschluss etwa

20 cm übereinander liegen und
die Seitennähte mit einem Wollfaden schließen. Die Nähte liegen innen.
Das Kissen hineingeben und ein
30 cm langes Lederbändchen zuerst durch den Untertritt, dann
durch den Obertritt sowie durch
die flache Perle und dann durch
die Holzperle ziehen. Das Band
verknoten (s. Abb.) Den zweiten
Verschluss ebenso arbeiten.
Kissenhülle in blue: 62 M mit
Stricknadel Nr. 5 anschlagen
und nach der Randmasche 2 M
rechts und 2 M links im Wechsel
stricken. Nach 2 Reihen die
Maschenfolge wechseln und im
Wechsel weiterarbeiten.
Die Kissenhülle wie bereits beschrieben zusammenlegen und
fertig stellen. Hier jedoch nur
einen Verschluss anbringen.

Coole Wärmflasche

■ Material

Schachenmayr-Garn, Qualität Boston (70 % Polyacryl, 30 % Schurwolle, Lauflänge 55 m/50 g) in Kürbis (Fb. 26) 100 g
Stricknadeln Nr. 5,5
Hilfsnadel
Stopfnadel

Bereits der Anblick der „coolen" Flasche in flottem Strickgewand wärmt die Gemüter.

■ So wird's gemacht

20 M mit Stricknadel Nr. 5,5 anschlagen und glatt rechts stricken. Auf der rechten Seite jeweils am Anfang und am Ende der Reihe 5 × 1 Masche zunehmen, bis 30 M auf der Nadel sind.
Das Strickstück bis zu einer Höhe von 30 cm gerade stricken, dann auf der rechten Seite am Anfang und am Ende der Reihe 4 × 1 M abnehmen, bis 22 Maschen auf der Nadel sind. Die Maschen auf einer Hilfsnadel stilllegen. Das zweite Teil ebenso arbeiten.
Für den Eingriff 20 M mit Stricknadel Nr. 5,5 anschlagen und 6 Reihen 2 M rechts, 2 M links im Wechsel stricken.
Dann glatt rechts bis zu einer Gesamtlänge von 15 cm weiterstricken. Nun nochmals 6 Reihen 2 M rechts, 2 M links im Wechsel stricken. Die Maschen abketten.
Die Eingrifftasche mit einem Wollfaden auf die vordere Seite eines Hüllenteils aufnähen (s. Abb.), dabei vom unteren Rand 7 cm Abstand halten.
Nun die Maschen der Hilfsnadel auf die Stricknadeln nehmen, vom Vorder- und Rückenteil zusammen, und den Kragen offen 2 M rechts, 2 M links im Wechsel bis zu einer Gesamthöhe von 13 cm stricken. Die Maschen locker abketten.
Zum Schluss die beiden Teile zusammennähen und die Naht am „Rollkragen" schließen.

Kleine Küchenhelfer

■ Material
Makrameegarn (reine Baum-
wolle) 2 Konen
Stricknadeln Nr. 6
Baumwollgarn dünn
Stopfnadel

Keine Küche ohne spezielle
Helfer: Diese helfen Ihnen beim
Ordnung halten und halten das
Innere in Griffnähe bereit.

■ So wird's gemacht
Schmaler, hoher Behälter: 20 M
mit Stricknadel Nr. 6 anschlagen
und kraus rechts ein Strickstück
mit 32 cm Länge arbeiten. Die
Maschen abketten.
Für den Boden 10 M anschlagen
und kraus rechts ein Quadrat
stricken. Die Maschen ebenfalls
abketten.
Mit dünnem Baumwollgarn,
farblich passend, das Strickstück
mit einer Seite so an den Boden
nähen, dass die Naht nach
außen zeigt. Dann die Seitennaht mit einem Baumwollfaden
schließen. Diese Naht zeigt nach
innen.

Breiter, niedriger Behälter: 15 M
mit Stricknadel Nr. 6 anschlagen
und kraus rechts ein Strickstück
mit 44 cm Breite arbeiten. Die
Maschen abketten.
Für den Boden 15 M anschlagen
und kraus rechts ein Quadrat
stricken. Die Maschen abketten.
Strickstück und Boden wie beim
schmalen Behälter beschrieben
zusammennähen.

Tischläufer mit Perlen

■ **Größe**
32 × 100 cm

■ **Material**
Schachenmayr-Garn, Qualität
Catania (100 % Baumwolle,
Lauflänge 125 m/50 g) in Stein
(Fb. 220) 300 g, in Apfel
(Fb. 205) 50 g
Stricknadeln Nr. 5
14 Schliffperlen apfelgrün
Holzperlen klein
Perlen klein, oval, grün
Nähgarn steinfarben
Stopfnadel

Traditionelles in neuem Outfit:
Der Tischläufer, einst ein Muss,
ist auch heute eine schmucke
Zierde für Tische, Anrichten und
Büfetts.

■ **So wird's gemacht**
50 M mit Stricknadel Nr. 5 mit
doppeltem Faden in Stein anschlagen und 2 Reihen kraus
rechts, dann 2 Reihen in Apfel
und weitere 2 Reihen in Stein
stricken.
Nun 5 Reihen in Stein glatt
rechts stricken, dabei die ersten
und die letzten 5 M der Reihe
als Rand kraus rechts arbeiten.
Den Rand und das gesamte
Strickstück, bis auf den letzten
Musterstreifen, so weiterarbeiten.
Dann wiederum 2 Reihen kraus
rechts in Apfel, 2 Reihen kraus
rechts in Stein.
Nun in Stein weiterarbeiten:
4 Reihen glatt rechts, 1 Reihe
kraus rechts, 12 Reihen glatt
rechts und 1 Reihe kraus rechts.
Nun bis zu einer Gesamtlänge
von 72 cm glatt rechts weiterarbeiten.
Dann das Muster in umgekehrter
Reihenfolge wiederholen. Die
Maschen abketten.
Die kleinen Holzperlen in die
kraus rechts gestrickte Reihe in
Apfel einnähen, die Schliffperlen
in die glatt rechts gestrickten
Reihen darüber.
Für die Fransen eine ovale Perle
und eine kleine Holzperle im
Wechsel auf einen Faden (Näh-
garn) auffädeln und an der
Stirnseite annähen.

Gemütliche Bodenkissen

■ Größe
50 × 50 cm

■ Material
Schachenmayr-Garn, Qualität Boston (70 % Polyacryl, 30 % Wolle, Lauflänge 55 m/50 g) in Cyan (Fb. 69) 350 g, Fresh (Fb. 77) 350 g, Royal (Fb. 51) 350 g, Linde (Fb. 75) 50 g
Stricknadeln Nr. 8
Stopfnadel

Wer nimmt nicht gerne auf dem Boden Platz? Doch auch als Unterlage auf Stühlen und Bänken sind diese Kissen ein Pracht.

■ So wird's gemacht
60 M mit Stricknadel Nr. 8 in der gewünschten Farbe anschlagen und glatt rechts ein Quadrat stricken. Die Maschen abketten. Ebenso ein zweites Teil stricken. Die beiden Teile mit einem Wollfaden zu einer Kissenhülle zusammennähen, dabei eine etwa 20 cm breite Öffnung für das Kissen lassen. Die Nähte mit Überwendlings- oder Langettenstichen (siehe Kasten) in Linde umstechen.
Das Kissen in die Kissenhülle stopfen. Die Öffnung ebenfalls mit Überwendlings- oder Langettenstich in Linde umstechen.

Überwendlingsstich
Mit Überwendlingsstichen (siehe Abb.) werden vornehmlich Schnittkanten an Nähten versäubert.
Den Faden mit einigen Steppstichen oder einem Knoten sichern und in gleichmäßigen Abständen über die zusammengelegte Kante nähen.

Langettenstich
Mit Langettenstichen werden die Kanten von Knopflöchern und Wolldecken versäubert. Die Nadel etwas vom Rand entfernt von unten durch das Gestrickte stechen, die Spitze zeigt zum Gestrickten hin. Die Fadenschlinge unter die Nadelspitze legen und dann durch die Nadel ganz durchziehen.

Zarte Glasdeckchen

■ Größe
17 × 17 cm

■ Material
Schachenmayr-Garn, Qualität Catania (100 % Baumwolle, Lauflänge 125 m/50 g) in Cyclam (Fb. 114), Weiß (Fb. 106) je 50 g
Stricknadeln Nr. 4
Strasssteine weiß, pink
4 Schliffperlen weiß
Nähgarn farblich passend
Stopfnadel

Naschen für manche verboten! Filigran verzierte Deckchen halten kleine Tiere vor allem im Sommer von leckeren Genüssen ab.

> **Tipp:**
> Die Glasdeckchen für Gläser können auch als schmucke Deckchen unter Gläser, Windlichter und andere aparte Deko-Objekte gelegt werden.

■ So wird's gemacht
30 M mit Stricknadel Nr. 4 in der gewünschten Farbe anschlagen.
Das Strickstück glatt rechts zu einem Quadrat arbeiten.
Die Maschen locker abketten.
Auf den Rand des gestrickten Deckchens farblich kontrastierend Strasssteine aufnähen.
An die Ecken je eine Schliffperle annähen.

Siehe auch Windlichter S.52

Kuscheliger Kinderteppich

■ **Größe**
100 × 150 cm

■ **Material**
Schachenmayr-Garn, Qualität
Boston (70 % Polyacryl, 30 %
Wolle, Lauflänge 55 m/50 g) in
Natur (Fb. 02) 550 g, Beilaufgarn
Tango (83 % Polyamid, 17 %
Polyester, Lauflänge 40 m/25 g)
in Lind color (Fb. 87) 250 g
Stricknadeln Nr. 10

Vor allem Kinder lieben es
flauschig und kuschelig! Dieser
Teppich ist der Renner für das
Kinderzimmer.

■ **So wird's gemacht**
80 M mit Stricknadel
Nr. 10 mit einem Faden Boston
und dem Beilaufgarn Tango anschlagen.
Das Strickstück kraus rechts bis
zu einer Länge von 150 cm
stricken.
Die Maschen locker abketten.

Tipps:
● Dieser Teppich ist besonders
für Strick-Anfänger geeignet,
da sich Unebenheiten im
Strickbild kaum abzeichnen.
Darüber hinaus ist der Woll-
teppich, trotz seiner Größe,
mit dicken Nadeln rasch
gefertigt.
● Legen Sie zur Sicherheit eine
rutschfeste Teppichunterlage
unter den Kinderteppich.
● Lassen Sie Ihre Kinder
über die Farben entscheiden –
denn manche mögen's
poppig!

Badezimmervorleger

■ Größe
66 × 120 cm

■ Material
Schachenmayr-Garn, Qualität
Modern Art (50 % Schurwolle,
50 % Polyacryl, Lauflänge 50 m/
50 g) in Camel (Fb. 03), Camel
Mix (Fb. 04), Camel duo (Fb. 05)
je 400 g
Stricknadeln Nr. 12

Nicht nur ein schöner Anblick,
sondern auch ein Genuss nach
dem Duschen oder Baden auf
solch einen flauschigen Vorleger
zu treten!

Tipp:
Passen Sie den Badezimmer-
vorleger farblich Ihrem Bade-
zimmer an, indem Sie andere
Wollfarben wählen.

■ So wird's gemacht
Mit dreifachem Faden, von jeder
Farbe einen, 50 M mit Stricknadel Nr. 12 anschlagen.
Das Strickstück kraus rechts bis
zu einer Länge von 120 cm
stricken.
Dann die Maschen locker abketten.

Für die Schönheit

■ Material

Sisal, je 2 Knäuel
Stricknadeln Nr. 8
Häkelnadel
2 Holzgriffe
Stopfnadel

Kleine Tricks verhelfen zu größerem Wohlgefühl beim Duschen oder Baden.

■ So wird's gemacht

Massagegurt

12 M mit Stricknadel Nr. 8 anschlagen. Das Sisalstück kraus rechts bis zu einer Länge von 60 cm stricken. Dann die Maschen locker abketten, bis auf die letzte Masche. Dann mit der Häkelnadel etwa 25 Luftmaschen häkeln. Den Holzgriff auf die Luftmaschenkette ziehen und die letzte Masche am Rand des Sisalstücks festhäkeln. Auf der gegenüberliegenden Seite auch eine Luftmaschenkette anhäkeln und den zweiten Holzgriff aufziehen.

Massagehandschuh

10 M mit Stricknadel Nr. 8 anschlagen und 1 M rechts, 1 M links zu einem 7 cm langen Bündchen stricken. Dann kraus rechts bis zu einer Gesamthöhe von 19 cm weiterarbeiten.
Nun auf beiden Seiten in jeder zweiten Reihe 1 M abnehmen, bis keine Maschen mehr auf der Nadel sind.
Das zweite Teil genauso stricken. Für den Daumen oberhalb des Bündchens aus beiden Teilen je 5 M aus der Seitennaht herausstricken und offen kraus rechts weiterarbeiten. In einer Daumenhöhe von 7 cm die 10 M durch einen Faden ziehen und fest vernähen. Dann die Seitennähte mit Sisal schließen.

Schön verstaut

■ Material

Schachenmayr-Garn, Qualität
Aurora Bündchengarn (55 %
Baumwolle, 45 % Polyacryl,
Lauflänge 90 m/50 g) in Lemon
(Fb. 21) 200 g
Stricknadeln Nr. 6
Stopfnadel

Der schmucke Behälter zum Ver-
stauen von allerlei Utensilien
lässt sich überall im Bad unter-
bringen.

■ So wird's gemacht

Für den Boden mit doppeltem
Faden 20 M mit Stricknadel Nr. 6
anschlagen und im Perlmuster
(siehe Kasten) bis zu einer Höhe
von 25 cm stricken. Die Maschen
abketten.
Für zwei Seitenteile mit doppeltem Faden 20 M mit Stricknadel
Nr. 6 anschlagen und im Perlmuster bis zu einer Höhe von
18 cm stricken. Die Maschen abketten.

Für die beiden anderen Seitenteile 30 M mit Stricknadel Nr. 6
mit doppeltem Faden anschlagen und im Perlmuster bis zu
einer Höhe von 18 cm stricken.
Die Maschen abketten.
Die Seitenteile mit Faden zuerst
an den Boden nähen, die kurzen an die kurzen Seiten, die
langen an die langen Seiten.
Die Nähte zeigen nach außen.
Nun die Seitennähte schließen.
Auch hier liegen die Nähte an
den Außenseiten.

Perlmuster

Für das Perlmuster werden
immer 1 Masche rechts und 1
Masche links im Wechsel
gestrickt. In den folgenden
Reihen wird das Muster ver-
setzt gearbeitet, d.h.: Über
der links erscheinenden
Masche wird rechts, über der
rechts erscheinenden Masche
links gestrickt.

Mexikanische Impressionen

■ Größe
56 × 56 cm

■ Material
Schachenmayr-Garn, Qualität Micro Big (100 % Polyacryl, Microfaser, Lauflänge 90 m/50 g) in Kirsch (Fb. 31) 200 g, Orange (Fb. 27) 200 g, Feuer (Fb. 30) 50 g, Fuchsia (Fb. 35) 250 g, Apfel (Fb. 71) 100 g
Stricknadeln Nr. 5
Stopfnadel

Leuchtend bunte Kissen machen die Couch zu einem anregenden Blickfang. Nicht nur Blicke werden sich an diesen Kissen erfreuen!

■ So wird's gemacht
Gestreiftes Kissen
80 M mit Stricknadel Nr. 5 in Kirsch anschlagen und glatt rechts folgende Farbfolge stricken:
Kirsch 7 cm, Apfel 2 cm, Orange 3 cm, Fuchsia 1 cm, Kirsche 4 cm, Fuchsia 2,5 cm, Apfel 6 cm, Orange 1 cm, Kirsch 5 cm, Fuchsia 2,5 cm, Orange 3,5 cm, Apfel 1 cm, Kirsch 5 cm, Orange 1 cm, Fuchsia 1,5 cm, Kirsch 3 cm, Apfel 1,5 cm, Kirsch 1 cm, Orange 4,5 cm. Nun die Maschen abketten. Das zweite Teil genauso stricken.

Kissen in Orange und Fuchsia
80 M mit Stricknadel Nr. 5 in Orange anschlagen und glatt rechts folgende Farbfolge stricken: Orange 27 cm, Apfel 2 cm, Fuchsia 27 cm. Die Maschen abketten.
Das zweite Teil ebenso stricken. Nun mit doppeltem Faden in Kirsch Kreuze über den apfelgrünen Streifen setzen.

Kissen in Kirsch und Fuchsia
80 M mit Stricknadel Nr. 5 in Kirsch anschlagen und glatt rechts folgende Farbfolge stricken: Kirsch 25 cm, Feuer 2 cm, Orange 2 cm, Feuer 2 cm, Fuchsia 25 cm. Die Maschen abketten. Nun mit doppeltem Faden in Apfel Kreuze über den orangefarbenen Streifen setzen.

Ausarbeitung der Kissen:
Die beiden Kissenhälften von rechts mit einem farblich passenden Faden mit Matratzenstich (siehe S. 16) zusammennähen, dabei eine etwa 20 cm breite Öffnung lassen. Die Kissenhülle durch die Öffnung wenden, das Kissen hineinstopfen und die Öffnung schließen.

Edle Tischdekoration

■ Größe
25 × 40 cm

■ Material
Schachenmayr-Garn, Qualität
Scala (100 % Polyamid, Lauf-
länge 75 m/25 g) in Atlantis color
(Fb. 85) 50 g pro Set
Stricknadeln Nr. 5
1 Rolle Lackdraht lila (0,5 mm)
Perlen verschiedenartig kristall,
weiß, weinrot, pink, Strass-
perlen lila
Stricknadeln Nr. 4

Das i-Tüpfelchen für einen schön
gedeckten Tisch: Elegant
glitzernde Tischsets mit filigran
funkelnden Serviettenringen.

■ So wird's gemacht
Das Tischset: 50 M mit Stricknadel Nr. 5 anschlagen und
kraus rechts 2,5 cm stricken.

Dann glatt rechts weiterarbeiten, dabei am Rand die ersten
und letzten 4 M kraus rechts
stricken, das heißt, die Maschen
in der Hin- und Rückreihe rechts
stricken. Das Strickstück bis zu
einer Höhe von 37,5 cm so
weiterarbeiten. Dann nochmals
als Saum 2,5 cm kraus rechts
stricken. Die Maschen locker
abketten.

Der Serviettenring: Etwa 30
Perlen unterschiedlicher Stärke
auf den Lackdraht ziehen. Dann
10 M mit Stricknadel Nr. 4 locker
anschlagen und 2 Reihen kraus
rechts ohne Perlen stricken. Nun
in jeder zweiten Reihe bei jeder
Masche eine Perle einstricken.
Die nächste Reihe ohne Perlen
arbeiten. Das Drahtgeflecht bis
zu einer Länge von 14 cm arbeiten. Den Serviettenring mit
Draht „zusammennähen".

Die bequeme Art

■ Material

Schachenmayr-Garn, Qualität
Boston (70 % Polyacryl, 30 %
Schurwolle, Lauflänge 55 m/50 g)
in Cyclam (Fb. 36) 200 g, Beilaufgarn Tango (83 % Polyamid,
17 % Polyester, Lauflänge 40 m/
25 g) in Mexico (Fb. 89) 125 g
Stricknadeln Nr. 10
Stopfnadel
1 Slöinge-Hocker (Ikea)

Hier macht man sich es be-
quem, hier soll man entspannt
sein: Ein idealer Beinhochleger!

Tipp:
Passen Sie den Hocker
farblich der Einrichtung des
Zimmers an.

■ So wird's gemacht

50 M mit Stricknadel Nr. 10 anschlagen und mit je einem
Faden Boston in Cyclam und
Tango in Mexico glatt rechts bis
zu einer Höhe von 66 cm
stricken. Die Maschen locker
abketten. Das Strickstück von
rechts mit einem Wollfaden mit
Matratzenstich (s. S. 16) zu
einem Schlauch zusammen-
nähen, die Naht liegt innen.
Den Schlauch wenden.
Den Strickschlauch über das
Schaumstoffteil des Hockers
ziehen und die Stellage des
Slöinge-Hockers montieren.
Dann einen Wollfaden durch
die Randmaschen des Strick-
schlauchs ziehen und die Seitenteile gut zusammenziehen.

Zugeknöpft

■ Größe
40 × 40 cm

■ Material
Schachenmayr-Garn, Qualität Summer Country (44 % Baumwolle, 44 % Polyacryl, 10 % Viskose, 2 % Polyester, Lauflänge 90 m/50 g) in Natur (Fb. 02), Leinen (Fb. 03) je 200 g Stricknadeln Nr. 3,5, Nr. 4,5 Stopfnadel 4 Knöpfe

Einerseits zwar zugeknöpft, doch andererseits immer offen für gemütliches Kuscheln sind diese anschmiegsamen Kissen.

■ So wird's gemacht
61 M mit Stricknadel Nr. 3,5 anschlagen und glatt rechts 6 cm stricken.
Dann mit Stricknadel Nr. 4,5 weiterarbeiten bis zu einer Gesamthöhe von 83 cm. Wiederum mit Stricknadel 3,5 glatt rechts 1,5 cm stricken.
Nun die Knopflöcher wie folgt einarbeiten: 6 M stricken, 4 M abketten, 11 M stricken, 4 M abketten, 11 M stricken, 4 M abketten, 11 M stricken, 4 M abketten, 6 M stricken.
In der nächsten Reihe die abgeketteten Maschen wieder anschlagen. Dann glatt rechts 3 cm weiterarbeiten. Nun die Knopflöcher nochmals in

gleicher Art und Weise arbeiten. Wiederum 1,5 cm stricken und abketten.
Zur Ausarbeitung die mit Stricknadel Nr. 3,5 gestrickten Blenden zu Säumen umnähen.
Nun die Knopflöcher mit Überwendlingsstichen versäubern (siehe S. 33) und die Knöpfe mit farblich passendem Wollgarn annähen.
Die Kissenhülle so zusammenlegen, dass Untertrittkante und Knopflochleiste an der vorderen Mitte wie ein Überlappverschluss 3 cm übereinander liegen und die Seitennähte schließen. Die Nähte liegen innen. Das Kissen hineingeben und die Knöpfe schließen.

Orientalisch angehaucht

■ Größe
Umfang 40 cm, Länge 50 cm,
45 cm und 75 cm

■ Material
Schachenmayr-Garn, Qualität
Regia 4fädig (75 % Schurwolle,
25 % Polyamid, Lauflänge 10 m/
50 g) in Himbeere (Fb. 1258)
300 g, Jaffa (Fb. 1259) 200 g,
Viola (Fb. 1257) 200 g, Türkis
(Fb. 1255) 50 g
Stricknadeln Nr. 4,5
Perlen farblich passend
Lackdraht (0,5 mm)
Schaumstoffkerne/Füllwolle
Stopfnadel

Farbenprächtig wie einst aus
Tausendundeiner Nacht sind
diese Nackenrollen eine wahre
Augenweide!

■ So wird's gemacht

Nackenrolle in Viola
80 M mit doppeltem Faden mit
Stricknadel 4,5 in Jaffa anschlagen und glatt rechts folgende
Farbfolge stricken: Jaffa 8 cm,
Himbeere 4 cm, Türkis 4 cm, Jaffa
2 cm, Himbeere 3 cm, Viola 1 cm,
Türkis 1 cm, Jaffa 2 cm, Viola
33 cm. Dann die Streifenfolge in
umgekehrter Reihenfolge wiederholen, mit Jaffa beginnen.
Nun den ersten Streifen, hier in
Himbeere, beidseitig zu einer
Falte um- und an den Seiten so
zusammennähen, dass eine
Rolle entsteht. Die Rolle am An-
schlag zusammenziehen. Den
Schaumstoffkern oder die Füll-
wolle einziehen und die Rolle
an der anderen Seite genauso
schließen.
Für die Quasten die gewünschte
und farblich passende Wolle
mehrmals um ein Buch wickeln
und dieses dann behutsam

herausziehen. Die Schlaufen an
einer Stelle zweifach mit Wolle
abbinden, am freien Ende aufschneiden und mit einem Wollfaden an die Enden nähen.
Einige Perlen auf Lackdraht
fädeln und um die Quasten
wickeln.

Nackenrolle in Jaffa
80 M mit Stricknadel 4,5 mit
doppeltem Faden in Viola anschlagen und glatt rechts folgende Farbfolge stricken: Viola
8 cm, Türkis 4 cm, Jaffa 3 cm,
Himbeere 1 cm, Viola 2 cm, Türkis
1 cm, Jaffa 2 cm, Türkis 1 cm,
Himbeere 3,5 cm, Jaffa 24 cm.
Dann die Streifenfolge in umgekehrter Reihenfolge wiederholen, mit Himbeere beginnen.
Die Ausarbeitung der Rolle
erfolgt wie bereits beschrieben.

Nackenrolle in Himbeere
80 M mit Stricknadel 4,5 in
Himbeere mit doppeltem Faden
anschlagen und glatt rechts
folgende Farbfolge stricken:
Himbeere 8 cm, Viola 4 cm,
Türkis 2 cm, Jaffa 1 cm, Himbeere 6 cm, Jaffa 1,5 cm, Viola
1 cm, Türkis 1 cm, Viola 2 cm,
Himbeere 50 cm. Die Streifenfolge in umgekehrter Reihenfolge wiederholen, mit Viola
beginnen.
Die Ausarbeitung der Rolle erfolgt wie bereits beschrieben.

Windlichter

■ Material
Lackdraht lila, rot, grün
(0,5 mm)
80–100 Perlen verschiedenartig, farblich abgestimmt
Stricknadeln Nr. 4,5
gläsernes Windlicht/Wasser-
glas mit Kerze
(10–12 cm hoch)

Tipp:
Fädeln Sie eher mehr als zu
wenig Perlen auf, denn in
das Strickstück lassen sich
Perlen nur schwer einfügen,
da der Draht abgeschnitten
und wieder angefügt werden
muss.

■ So wird's gemacht
Zuerst die Perlen, je nach Größe
des Windlichts bis zu 100 Stück,
auffädeln.

20 M mit Stricknadel Nr. 4,5
anschlagen und kraus rechts 3
Reihen stricken. Dann in jeder
zweiten Reihe gleichmäßig
verteilt 5–7 Perlen einstricken.
Eine Reihe ohne Perlen stricken.
Dann wieder Perlen einfügen.
In diesem Wechsel das Drahtgestrick arbeiten, bis es den Umfang des Windlichts erreicht hat.
Die Maschen locker abketten
und zusammennähen. Das
Drahtgestrick um das Windlicht
biegen und mit Draht „zusammennähen".

Verschiedenfarbige Windlichter
in filigranem Drahtgewand
sind ein leuchtend dekorativer
Tischschmuck für drinnen und
draußen.

Auf die Schnelle

■ **Größe**
114 × 148 cm

■ **Material**
Schachenmayr-Garn, Qualität
Boston (70 % Polyacryl, 30 %
Schurwolle, Lauflänge 55 m/
50 g) in Linde (Fb. 75) 600 g,
Mint (Fb. 56) 750 g
Stricknadeln Nr. 10
Stopfnadel

Schnell soll es gehen, schön
aussehen, und teuer darf es
auch nicht sein: Dies ist der
Teppich für Kurzentschlossene!

■ **So wird's gemacht**
Der Teppich wird in drei Streifen
gestrickt.
Dazu 30 M mit doppeltem Faden
in Linde und Mint mit Stricknadel Nr. 10 anschlagen und
glatt rechts zu einem Quadrat
stricken. Dann glatt links ein

ebenso großes Quadrat arbeiten,
dem wiederum ein glatt rechts
gestricktes folgt. In diesem
Wechsel vier Quadrate fertigen.
Die Maschen abketten.
Ebenso zwei weitere Streifen
stricken. Die drei Streifen an
den Längsseiten so zusammennähen, dass neben einem rechten Quadrat ein linkes liegt. Alle
Nähte zeigen auf eine Seite.
Für die Einfassung 9 M mit
Stricknadel Nr. 10 mit doppeltem Faden in Mint anschlagen
und mit 1 M rechts, 1 M links im
Wechsel einen Streifen in der
Länge der Längskante zuzüglich
der Ecken und 2 Streifen, die
der Breite entsprechen, zuzüg-
lich der Ecken stricken. Die
Einfassungen annähen und die
Ecken als Spitze abnähen.

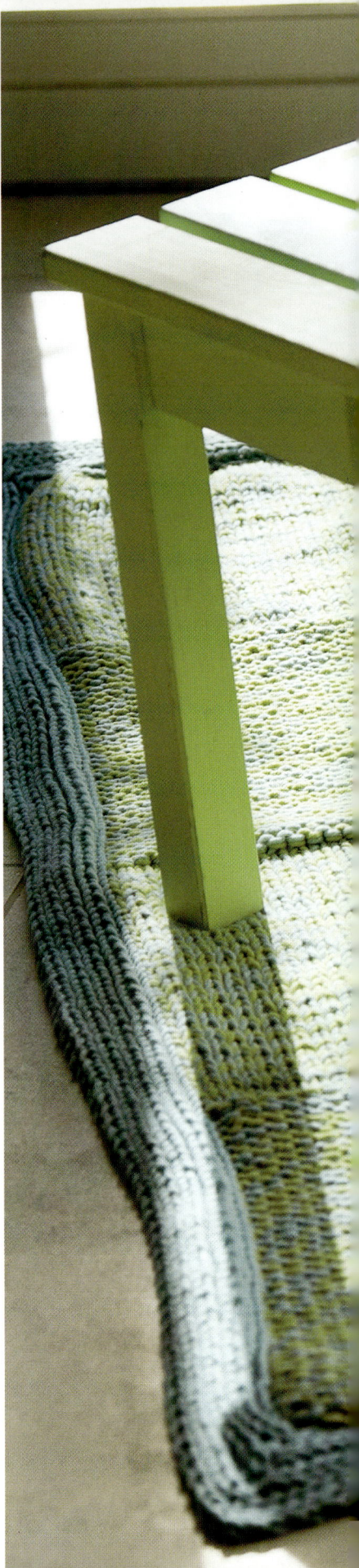

Aparte Topflappen

■ Größe
22 × 22 cm

■ Material
Schachenmayr-Garn, Qualität Catania (100 % Baumwolle, Lauflänge 125 m/50 g) in Apfel (Fb. 205), Kornblume (Fb. 123), Jaffa (Fb. 189), Cyclam (Fb. 114), je 100 g
Stricknadeln Nr. 4,5
Häkelnadel Nr. 4

Zum schnellen Zupacken und damit nichts anbrennt, sind Topflappen der Klassiker in der Küche. Das schöne Aussehen versteht sich von selbst.

■ So wird's gemacht
Viergestreifter Topflappen
40 M mit Stricknadel Nr. 4,5 in Kornblume anschlagen und mit doppeltem Faden glatt rechts folgende Farbfolge stricken: Kornblume 9,5 cm, Cyclam 1,5 cm, Jaffa 1,5 cm, Apfel 9,5 cm. Die Maschen abketten. Das zweite Teil uni in der Farbe Kornblume stricken.
Die beiden Teile aufeinander legen und mit doppeltem Faden in Cyclam mit festen Maschen umhäkeln. An den Ecken für die Rundung dreimal in eine Masche einstechen. An der letzen Ecke nach der Rundung 12 Luftmaschen häkeln und auf der gegenüberliegenden Seite der Ecke befestigen. Den Ring mit etwa 18 festen Maschen umhäkeln.

Cyclamfarbener Topflappen
40 M mit Stricknadel Nr. 4,5 in Cyclam anschlagen und mit doppeltem Faden glatt rechts folgende Farbfolge stricken: Cyclam 1,5 cm, Apfel 1 cm, Jaffa – bis zur quadratischen Form. Das zweite Teil in Jaffa arbeiten. Ausarbeitung mit Faden in Cyclam wie bereits beschrieben.

Apfelfarbener Topflappen
40 M mit Stricknadel Nr. 4,5 in Apfel anschlagen und mit doppeltem Faden glatt rechts folgende Farbfolge stricken: Apfel 4,5 cm, Jaffa 1 cm, Apfel 4,5 cm, Jaffa 1 cm, Apfel 4,5 cm, Jaffa 1 cm, Apfel 4,5 cm. Das zweite Teil in Apfel arbeiten. Ausarbeitung mit Faden in Apfel wie bereits beschrieben.

Dufte Säckchen

■ Größe

13 × 12 cm
13 × 15 cm
13 × 18 cm

■ Material

Schachenmayr-Garn, Qualität
Catania (100 % Baumwolle,
Lauflänge 125 m/50 g) in Mimose
(Fb. 100), Birke (Fb. 219), Khaki
(Fb. 212) je 50 g
Stricknadeln Nr. 3,5, Nr. 3
Drahtbänder mit Perlen farblich
passend
Blumen und Blüten getrocknet
Stopfnadel

■ So wird's gemacht

28 M mit Stricknadel Nr. 3
in Mimose anschlagen und glatt
rechts 5 cm stricken. Dann
mit Stricknadel Nr. 3,5 bis zu
einer Gesamthöhe von 26,5 cm
weiterarbeiten. Mit Stricknadel Nr. 3 wiederum 5 cm
stricken. Die Maschen locker
abketten.
Die mit Stricknadel Nr. 3 gestrickten 5 cm zu einem Saum
umnähen. Die Seitennähte
schließen, die Nähte liegen
innen.

Die Säckchen mit den duftenden
Zutaten füllen, mit Drahtbän-
dern umwickeln und schließen.
Die beiden anderen Säckchen
werden genauso wie beschrieben, jedoch um 3 cm oder 6 cm
länger gestrickt.

Tipp:
Mit Lavendel gefüllte Duft-
säckchen halten in Kleider-
und Wäscheschränken Motten
fern und verleihen der
Wäsche einen feinen, ange-
nehmen Duft.

Duftsäcke verbreiten Wohl-
gerüche in Schränken und Räu-
men – folgen Sie bei der duftenden Füllung ganz Ihrer Nase!

Frohe Ostern

■ Material

Schachenmayr-Garn, Qualität
Catania (100 % Baumwolle,
Lauflänge 125 m/50 g) in Apfel
(Fb. 205), Pfau (Fb. 146), Jaffa
(Fb. 189), Fuchsia (Fb. 128),
Cyclam (Fb. 114) je 50 g
Stricknadeln Nr. 5,5
Stopfnadel

Ein Mützchen in Ehren, kann
niemand verwehren! – damit es
dem frisch gekochten Ei unter
der Schale nicht kühl wird.

■ So wird's gemacht

22 M mit doppeltem Faden mit
Stricknadel Nr. 5,5 in uni anschlagen und 2 Reihen 1 M
rechts, 1 M links im Wechsel
stricken.
Dann in folgenden Farbfolgen
10 cm arbeiten:
Fuchsia und Cyclam, Fuchsia und
Jaffa, Jaffa und Apfel, Apfel und
Fuchsia oder Apfel und Pfau.
Die Maschen abketten. Die Seitennähte schließen, die Naht
liegt innen.
An einem Ende durch die Ab-
kettelmaschen einen Faden ziehen, mit dem das Ende zusam-
mengezogen wird. Den Faden
auf der Innenseite vernähen.

Stilvoller Lampenschirm

■ **Größe**
Umfang 100 cm, Höhe 26 cm

■ **Material**
Schachenmayr-Garn, Qualität
Diva (60 % Polyamid, 40 %
Schurwolle, Lauflänge 120 m/
50 g) in Asphalt (Fb. 98) 100 g
Stricknadeln Nr. 7
Lampenschirm
Stopfnadel

Das Licht einer schönen Lampe
verbreitet einen gemütlichen
Schein, der Groß und Klein zum
Verweilen einlädt.

■ **So wird's gemacht**
50 M mit Stricknadel Nr. 7
anschlagen und kraus rechts
stricken, bis das Strickstück so
lang ist, dass es dem Umfang
des Lampenschirms entspricht.
Die Maschen abketten.

Das Strickstück an der Abkettel-
und Anschlagkante mit einem
Faden zusammennähen. Jeweils
einen Strickfaden durch die beiden Randseiten ziehen.
Das Strickstück auf den Lampenschirm legen und zusammenziehen, bis es sich exakt der
Form des Schirms anpasst.
Den Faden innen vernähen.

Vase im Strickkleid

■ Größe
Umfang 50 cm, Höhe 29 cm

■ Material
Schachenmayr-Garn, Qualität
Aurora (55 % Baumwolle, 45 %
Polyacryl, Lauflänge 90 m/50 g),
in Weiß (Fb. 01) 100 g
Stricknadeln Nr. 5
Vase
Stopfnadel

Eine Vase in plastischem
Rippengewand. Die Plastizität
kann durch die Farbgebung
auch variiert werden.

■ So wird's gemacht
50 M in Weiß mit Stricknadel
Nr. 5 anschlagen und 6 Reihen
glatt rechts stricken. Dann 5
Reihen links stricken. Dann wiederum 5 Reihen glatt rechts
arbeiten und so im Wechsel
weiterarbeiten, bis der Umfang
der Vase erreicht ist. Dadurch
entsteht sozusagen ein plastisch
wirkender Streifen.
Die Maschen abketten und die
Naht schließen.

Tipp:
Für eine gestreifte Vase können die Rippen auch in unter-
schiedlichen Farben angelegt
werden.

Danksagung

Wir danken der Firma Schachenmayr für die freundliche Unterstützung dieses Buches.
Darüber hinaus danken wir der Firma Ikea und Creative Hobbies GmbH, deren Artikel über den Fachhandel zu beziehen sind, und Home Shopping Europe für die Nutzung ihrer Studios in München, für Ihre freundliche Unterstützung.

Bibliografische Information Der Deutschen Bibliothek
Die Deutsche Bibliothek verzeichnet diese Publikation in der Deutschen Nationalbibliografie; detaillierte bibliografische Daten sind im Internet über http://dnb.ddb.de abrufbar.

ISBN 3-332-01413-7

www.dornier-verlage.de
www.urania-verlag.de

1. Auflage Februar 2003
© 2003 Urania Verlag, Berlin
Der Urania Verlag ist ein Unternehmen der Verlagsgruppe Dornier.
Alle Rechte vorbehalten.

Fotos: Annette Hempfling, München; S.10–17 Brigitte Harms, Hamburg
Zeichnungen: Sigrid Witzig, Hamburg
Umschlaggestaltung: P. Agentur für Markengestaltung, Hamburg
Lektorat: Berliner Buchwerkstatt, Vera Olbricht
Satz: tiff.any GmbH, Berlin
Druck: Sachsendruck, Plauen
Printed in Germany

Gedruckt auf alterungsbeständigem Papier mit chlorfrei gebleichtem Zellstoff.
Die Schreibweise entspricht den Regeln der neuen Rechtschreibung.